AF482826

HISTOIRE

DES

PETITS MISSIONNAIRES

DE ZAHLEH.

SAINT-CLOUD — IMPRIMERIE DE Mme Vᵉ BELIN.

HISTOIRE

DES

PETITS MISSIONNAIRES

ET DES

PAUVRES FILLES DE LA MISSION DU SACRÉ-CŒUR
DE ZAHLEH

Au mont Liban.

RAPPORT

ADRESSÉ A SON EXCELLENCE M. L'AMIRAL **ROMAIN-DESFOSSÉS**,
PRÉSIDENT DE L'ŒUVRE DES ÉCOLES D'ORIENT,

PAR

LE R. P. DE DAMAS
De la compagnie de Jésus.

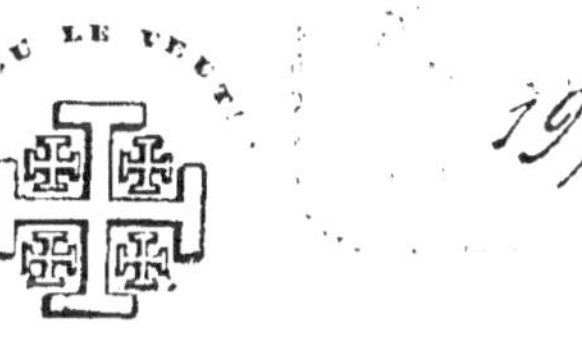

PARIS

AU BUREAU DE L'OEUVRE,
RUE DU REGARD, 16;

ET A LA LIBRAIRIE CLASSIQUE D'EUGÈNE BELIN,
RUE DE VAUGIRARD, 52.

—

1862

HISTOIRE

DES

PETITS MISSIONNAIRES

DE ZAHLEH.

MONSIEUR L'AMIRAL,

Dans le cours de mes nombreux voyages en Orient, j'ai souvent rencontré sur mon chemin de jeunes maitresses d'écoles indigènes, connues sous le nom de Filles de la mission du Sacré-Cœur de Zahleh. Leur piété, leur dévouement, leur zèle m'ont frappé ; et comme le but de leur institution m'a paru essentiellement conforme à celui de l'Œuvre qui a l'honneur de vous avoir à sa tête, j'ai cru de mon devoir de recueillir, pour les offrir à notre conseil, les plus minutieux renseignements sur son origine, sa constitution intime, et les résultats qu'elle obtient. J'ai interrogé les missionnaires; j'ai inspecté les écoles; j'ai visité fréquemment les maitresses réunies sous la présidence de leur supérieur; et c'est le résultat de mes recherches que j'ai l'honneur de vous offrir en ce moment, bien persuadé que je vous serai agréable en vous révélant une œuvre dont l'avenir semble merveilleusement fécond en résultats heureux.

Presque au sommet d'une montagne rocheuse, dominant à la fois le village de Maalaka, la gorge profonde où se cache la ville de Zahleh, et la plaine immense de la Cœlésyrie, sur le versant oriental du mont Liban, on voit suspendue au flanc d'un rocher abrupt une chétive maisonnette qu'un habitant de nos villes de France croirait à peine habitée par des créatures humaines. C'est la maison-mère où cinquante religieuses arabes ont fait le rude apprentissage de la vie apostolique.

Ce palais de la pauvreté fut construit en 1845, par les soins et sous la direction d'un prêtre de la compagnie de Jésus, le R. P. Paul Riccadona, Italien de naissance.

Dès longtemps, alors même qu'il professait la rhétorique au collége de Naples avec un brillant succès, son cœur d'apôtre entraînait le P. Riccadona vers les pays infidèles. Dans ses oraisons brûlantes, il méditait sur les moyens d'utiliser son beau talent pour la conversion d'un grand peuple. Il lisait et relisait les lettres de saint François Xavier, et il cherchait à se rendre compte des méthodes de ce grand homme. Un jour, vers la fin de 1831, la Providence l'appela, par la voix de ses supérieurs, à rétablir en Orient les belles missions que la Compagnie de Jésus s'était vue forcée d'interrompre dans le courant du siècle dernier. A cette époque, l'absence de prêtres européens et le manque de ressources avait précipité les chrétiens du Levant dans un abîme d'ignorance. Les vérités les plus essentielles étaient à peine connues ; les plus belles dévotions restaient ignorées, et le culte du Sacré-Cœur de Jésus en particulier était tombé dans un discrédit sacrilége. Touché de ce malheur, le Souverain Pontife Grégoire XVI avait recommandé au nouveau missionnaire de répandre la lumière au milieu des ténèbres et de mettre ostensiblement ses travaux sous la protection du divin Cœur. Et le Père était parti en se promettant d'instruire les ignorants et de consacrer au Cœur adorable du bon Maître la première église qu'il lui serait donné de bâtir, et surtout une congrégation de missionnaires indigènes.

Après avoir parcouru la Terre-Sainte, la Mésopotamie, la Chaldée et l'Arménie, il choisit la petite ville de Zahleh au mont Liban pour y réaliser ses projets, et il se mit à l'œuvre.

Il voulait résoudre le grand problème qui consiste à étendre aussi loin que possible l'action d'un seul missionnaire, celle d'une seule tête et d'un seul cœur pour le bien des multitudes. Pour cela il lui fallait une ville centrale, dont les mœurs et les habitudes promissent un bon nombre d'âmes énergiques et dévouées, et puis une agglomération de villages dans lesquels les missionnaires indigènes pussent faire l'apprentissage de leurs travaux apostoliques sous l'œil et par l'inspiration de leur chef. Zahleh et les vastes plaines de Balbeck et de la Bekaa étaient bien ce qu'il fallait.

Les débuts du missionnaire furent humbles et modestes, mais la suite prouva surabondamment la sagesse de ses conceptions. Il ouvrit une école pour les petits enfants. Il mit tant de zèle à ses fonctions d'instituteur, que bientôt le nombre de ses élèves monta jusqu'à six cents ; et que les parents eux-mêmes devinrent jaloux de se ranger sous la conduite du maître de leurs enfants. On accourut en foule autour de sa modeste chaire. Tous voulurent lui ouvrir leur conscience ; et le Père, profitant de l'ascendant que lui donnait la confiance universelle, se mit à souffler partout le zèle apostolique. En excitant l'ardeur des autres il ne s'épargnait pas lui-même. Il jeûnait, il se mortifiait, il étudiait. Il consacra ses loisirs d'une année entière à méditer les industries du P. Polanque. De longs mois s'écoulèrent dans ce pénible labeur. Enfin Dieu permit au Père de goûter les prémices de la moisson qu'il lui préparait dans l'avenir. Quelques jeunes gens, émus par l'exemple de sa vie sainte, résolurent de se mettre sous sa conduite et de partager avec lui la charge de diriger une école devenue beaucoup trop nombreuse pour un seul maître.

La dernière chose à laquelle pouvait songer le missionnaire, était bien de se reposer. Soulagé d'un grand fardeau, il voulut s'en imposer un autre. Tandis que les habitants de Zahleh profitaient de ses soins, une multitude de villages restaient sans instituteurs, sans prêtres même, et sans instruction. Alors il résolut de faire un appel à tous les cœurs dévoués parmi les indigènes, et de s'en faire comme autant d'instruments pour travailler avec ensemble sur tous les points à la fois de la vaste plaine ouverte devant lui. Seul prêtre, il prétendait arriver de la sorte à prêcher en un même jour, à la même heure, à cent villages dispersés. L'idée était sublime. Bien développée, elle devait produire des merveilles.

Alors on vit se former la congrégation des petits missionnaires du Sacré-Cœur.

Le Père choisit parmi les plus sages et les plus intelligents de son école un certain nombre d'enfants pieux. Il les réunit plusieurs fois par semaine, et leur apprit à développer pour le dimanche suivant un sujet de la doctrine chrétienne. Un canevas tracé d'après toutes les règles de l'art, était l'objet de la leçon. Toutes les parties du discours s'y trouvaient exactement distinguées. L'habile professeur les expliquait avec méthode et clarté : il indiquait les lieux oratoires, la morale, l'histoire... Il n'omettait aucun des moyens d'instruire et de persuader, en sorte qu'au jour marqué, chacun de ses disciples était à même de faire un sermon en règle. Il y avait cinquante garçons et cinquante petites filles ainsi préparés. Les cinquante instructions renfermaient dans leur ensemble les principales vérités de la doctrine chrétienne, mais chaque enfant n'en savait qu'une à la fois.

Le dimanche venu, un Père partait à la tête des cinquante garçons, et une pieuse veuve conduisait les cinquante petites filles. On laissait dans le premier village l'enfant qui savait la première leçon de catéchisme, dans le second village celui qui savait la seconde, et ainsi de suite. Le peuple se réunissait alors sur la place pour écouter l'instruction dont il avait si grand besoin. Le soir on reprenait successivement les enfants sur la route; le dimanche suivant on recommençait, en ayant soin d'assigner à chaque petit missionnaire un nouveau village, afin que la même instruction ne fût pas répétée deux fois. Ainsi, au bout de cinquante dimanches, l'ensemble de la doctrine chrétienne se trouvait enseigné à une multitude de bourgades.

Ces premiers essais ayant réussi, on crut devoir donner une plus grande extension à la congrégation. On y appela un assez bon nombre de jeunes gens et de jeunes personnes, auxquels on adjoignit encore, pour les jours de mission, de petits enfants des deux sexes. Les jeunes gens et les jeunes personnes avaient un supérieur distinct, chargé d'entretenir ses confrères dans le zèle et de leur communiquer les avis du Père directeur. Les jeunes gens recevaient pour mission le soin de faire le catéchisme aux hommes; les jeunes filles s'adressaient aux femmes, les enfants à ceux de leur âge. Aucun habit particulier ne les distinguait. Liberté à eux de se mettre comme ils le voulaient, pourvu que leurs vêtements n'eussent rien d'affecté ou d'immodeste. Ils n'avaient aussi d'autre demeure que la maison paternelle, où ils donnaient l'exemple de la piété et de la vertu. Le directeur seul avait le droit d'admission. Il fallait, pour obtenir de lui cette faveur, avoir donné des preuves non équivoques de ferveur et de zèle. La plupart des congréganistes, si on excepte les plus petits, étaient liés à Dieu par le vœu de chasteté. Ils renouvelaient leur vœu de six mois en six mois. La règle qui les gouvernait, leur recommandait, entre autres choses, de se lever de bonne heure, d'entendre tous les jours la sainte messe, de faire une demi-heure de méditation, d'examiner leur conscience avant le sommeil, de réciter cinq dizaines de chapelet, de visiter le saint-sacrement, de consacrer quelques instants à une pieuse lecture. Ils devaient aussi se confesser et faire en sorte de communier chaque semaine. Tous étaient agrégés aux confréries du Sacré-Cœur, du Scapulaire, du Rosaire, et ils s'engageaient à répandre ces dévotions de toutes leurs forces.

Je transcris ces détails d'une lettre écrite par le P. Laborde, en 1851, presque sous la dictée du P. Riccadona. J'ai par devers moi les statuts complets de la pieuse association.

Trois fois par semaine, les congréganistes se réunissaient autour de leur directeur. Dans chaque réunion, on traitait trois articles. Le premier avait rapport à un point de perfection; le second regardait l'explication de quelques règles; le troisième avait pour objet la matière à développer le dimanche suivant dans les villages. A la fin de la séance, le directeur ordonnait quelquefois à l'un des jeunes missionnaires de se mettre à genoux. Alors les autres étaient invités à faire leurs observations sur ses manquements. Le patient écoutait en silence et recevait la pénitence imposée par le directeur.

On se ferait difficilement une idée du travail de cabinet auquel ce genre de mission condamnait le P. Riccadona. Il avait à donner par écrit à chaque missionnaire l'instruction de la semaine. Il devait l'extraire préalablement du grand catéchisme de Bellarmin et la traduire en arabe. En même temps, il travaillait à faire en arabe un abrégé de ce grand catéchisme. De plus, il préparait un recueil de prières et de réflexions pieuses à l'usage des jeunes missionnaires. Il composait aussi des cantiques arabes sur nos plus beaux airs d'Europe et les réunissait à plusieurs autres déjà connus pour en donner une copie à chaque missionnaire principal ; ce travail de la composition des cantiques était une chose importante ; car le chant produisait sur les catéchistes l'effet du clairon sur un militaire. Il plaisait singulièrement au peuple et l'attirait infailliblement aux exercices de la mission.

Le samedi arrivé, une des premières occupations du P. Riccadona était de faire la révision des différents groupes de missionnaires. Tout village en demandait essentiellement deux, l'un pour les hommes, l'autre pour les femmes. Mais le groupe se composait toujours d'un plus grand nombre de membres, car plusieurs Arabes, sans avoir le titre de congréganistes, briguaient la faveur d'en remplir temporairement l'office. A la tête de chacun des groupes un supérieur était désigné pour faire observer les règles. Il était responsable de ce qui pouvait arriver de fâcheux. Les autres se faisaient un devoir de lui obéir en tout.

Le dimanche paraissait enfin.

Deux heures avant le lever du soleil, on disait dans notre église la première messe. Tous les missionnaires y assistaient et recevaient généralement la sainte communion. La messe terminée, chacun, muni de ses provisions pour la route, se réunissait à son groupe. Alors on se mettait en marche vers le village accoutumé. Je dis *accoutumé*, parce qu'à cette époque, les missionnaires étaient à poste fixe dans les différents centres de missions. Cette disposition leur donnait de l'influence sur le peuple, et leur faisait opérer un bien solide dans les âmes. Dès lors qu'ils étaient habitués à un auditoire, leur timidité disparaissait, ils parlaient avec élan, et, par là même, ils se faisaient écouter. Ils connaissaient aussi beaucoup mieux leur monde, attaquaient plus directement les vices et conduisaient plus doucement à la réforme des mœurs.

Pendant la route, tant en allant qu'en revenant, le groupe des garçons marchait le premier, celui des filles le suivait à quelque distance. L'intervalle ne devait pas être tellement grand que les deux groupes cessassent d'être à portée l'un de l'autre. De fâcheux accidents à prévenir étaient la raison d'une telle mesure. Dans un pays peuplé de Turcs et de Kurdes, on ne saurait trop se prémunir contre le danger. Le péril est en proportion de la liberté dont on jouit. Tout est permis, même le meurtre. Pendant la marche du matin, on faisait sa méditation ; au retour, on s'acquittait de l'examen de sa conscience, et on récitait les prières en usage pour les visites du Saint-Sacrement.

Immédiatement avant d'entrer dans son village, chaque groupe se jetait à genoux et récitait à haute voix un *Pater* et un *Ave* en l'honneur de saint Ignace et du glorieux apôtre des Indes, saint François Xavier, pour obtenir le succès de la mission. Cela fait, les jeunes missionnaires parcouraient toutes les maisons, engageant les villageois à se rendre aussitôt au catéchisme. D'ordinaire, la résistance n'était pas forte. On s'empressait le plus souvent d'accéder à leur invitation, et au bout de quelques minutes le lieu de la réunion était rempli de monde. Ce lieu était l'église, s'il y en avait une, ou une vaste chambre, ou plus souvent encore un champ ombragé de quelques arbres. De temps à autre, on occupait tous ces endroits à la fois, à cause des quatre groupes bien tranchés que l'on formait dans le village.

L'heure du catéchisme arrivée, on faisait tous ensemble une prière d'introduction, après laquelle les différents groupes se séparaient. Celui des garçons comme celui des petites filles se subdivisaient en plusieurs autres, selon la science de chacun. On enseignait aux uns, *Notre Père* et *Je vous salue Marie*, aux autres *le Symbole de la Foi*, à ceux-ci l'acte de contrition et les actes des vertus théologales, à ceux-là un des six ou huit chapitres du catéchisme arabe. Si les petits missionnaires venus à Zahleh ne suffisaient point pour tant de divisions, ils s'associaient quelques-uns des enfants les plus avancés du village et les honoraient du titre de maître. Ceux-ci, fiers d'une telle charge, s'en acquittaient avec un zèle qui ne laissait rien à désirer.

La méthode qu'on suivait dans l'enseignement, exigeait plus de patience que d'élévation d'esprit. Elle consistait à lancer un mot de la prière ou de la leçon, et à la faire aussitôt répéter par tous les élèves à la fois. Il en était ainsi des mots suivants jusqu'à ce que la leçon fût parfaitement apprise. A des intervalles donnés, un petit maître interrompait l'exercice pour faire l'examen de sa division. Lorsqu'un enfant lui répétait sa leçon sans faute,

il l'envoyait au maître général. Celui-ci exigeait une seconde ré-
pétition, et si elle était bonne, l'enfant montait aussitôt dans une
division supérieure. On ne saurait imaginer combien cette méthode était profitable. Elle procurait à des enfants, sans aucun
principe de lecture, une connaissance de la doctrine chrétienne
égale à celle des autres. Ceux même qui fréquentaient les écoles,
retenaient beaucoup mieux les différentes parties du catéchisme
lorsqu'ils l'apprenaient de la sorte. C'est qu'alors ils en faisaient
moins une étude qu'un amusement. Aussi n'y avait-il dans les
écoles de Zahleh d'autre manière d'enseigner le catéchisme.

La méthode suivie pour les hommes et pour les femmes était
entièrement différente. On commençait par leur faire la déclaration de l'indulgence de sept ans et de sept quarantaines ac-
cordée à ceux qui assistent au catéchisme. Immédiatement après,
on développait avec le plus d'entrain possible le point de doctrine assigné par le directeur. Nos missionnaires des deux sexes
étaient généralement écoutés avec enthousiasme. Les curés eux-
mêmes ne croyaient pas trop s'abaisser en leur prêtant une
oreille attentive. Plusieurs les regardaient comme bien supérieurs
à eux pour le talent et la science. On allait jusqu'à dire de certains de nos prédicateurs qu'ils prêchaient avec l'aplomb, l'autorité, le savoir d'un évêque. En Europe on n'eût probablement
pas été aussi enthousiasmé, mais cette terre du Liban est un pays
de simplicité et d'ignorance. Dès qu'un homme montre un peu
de savoir, il passe pour un prodige. Cette estime universelle procurait à nos missionnaires l'avantage d'opérer un très-grand
bien. Ils étaient consultés comme autant d'oracles. Leurs déci-
sions étaient reçues avec respect; on écoutait humblement leurs
avis, on mettait en pratique leurs conseils.

Une heure et demie environ se passait à faire le catéchisme.
On terminait par une petite histoire en rapport avec la matière
traitée. Alors deux des plus attentifs et des plus assidus étaient
invités à recevoir une image. Aussitôt, jeunes et vieux sollicitaient
la même faveur, exposant leurs titres et leurs états de service.
On donnait de bonnes paroles à ceux qu'on ne pouvait contenter.

Après avoir calmé tous les désirs, on s'informait des personnes

mortes durant la semaine, afin de les recommander aux prières
des autres villages. On lisait la liste de ceux qui étaient morts
dans les différentes contrées de la mission, et on engageait les
assistants à prier pour eux. On les exhortait aussi à demander la
guérison ou le soulagement des malades. Les jeûnes et les fêtes
de la semaine étaient également annoncés. S'il y avait à gagner
quelque indulgence plénière, la déclaration en était faite. On engageait tout le monde à prier chaque soir pour les âmes du purgatoire. On excitait à la pratique de réciter tous les vendredis
cinq *Pater* et cinq *Ave* en l'honneur de l'agonie de Notre-Seigneur. On rappelait les œuvres requises pour la confrérie du
Sacré-Cœur, celle du Scapulaire et celle du Rosaire. Ces recom-
mandations produisaient un effet merveilleux sur les villageois.
Elles les consolaient pour leur avenir en leur assurant d'avance
des prières pour le temps où ils seraient en proie aux maladies
ou aux flammes du purgatoire. Aussi se faisaient-ils un scrupule
de manquer leurs prières quotidiennes pour les morts. Les pra-
tiques en usage dans les différentes associations leur devenaient
familières. L'annonce des fêtes les déterminait souvent à s'approcher des sacrements. En un mot, nos missionnaires déposaient
au milieu de leur peuple une étincelle capable d'embraser tous
les cœurs.

Toutes les déclarations faites, le missionnaire principal donnait le signal de la prière. Alors les différents groupes se réunissaient en un seul lieu. La place des petits garçons était par
devant. Ils s'y rangeaient en plusieurs lignes. Venaient ensuite
les hommes, puis les petites filles, enfin les femmes. On commençait par la récitation de cinq dizaines de chapelet. Un enfant
proclamait chaque mystère avant de commencer les dizaines.
Aussitôt les garçons qui formaient la première ligne, entonnaient
le *Pater* ou l'*Ave Maria* sans hâte et avec un merveilleux ensemble. Tous les autres leur répondaient en observant le même
ordre. Le chapelet était suivi du chant des litanies de la sainte
Vierge. Ensuite on récitait l'*Angelus* en commun. La fonction se
terminait par le chant d'un cantique populaire.

La séance finie, les missionnaires allaient s'assurer que l'église
était propre et décemment tenue. Il y a beaucoup à faire pour

amener les Arabes à l'ordre et à la propreté. De deux chandeliers qui ornent l'autel, l'un occupera le haut, l'autre le bas des gradins. Quelquefois ils seront du même côté. Il n'y aura pas plus de symétrie pour les vases de fleurs. Si des images encadrées tapissent les murs de l'église, l'une sera placée à côté du tabernacle, et l'autre à une grande distance, ou bien une petite image d'Epinal formera le pendant d'une belle gravure. S'il y a trois tableaux suspendus au-dessus de l'autel, aucun n'occupera le milieu. Chacun sera cloué à sa hauteur particulière et à des distances disproportionnées. En un mot, l'ensemble présente l'aspect le plus discordant. Grâce aux soins des petits missionnaires, l'ordre et la symétrie s'établissaient parfaitement.

Ensuite on procédait à la visite des malades. Les pauvres infirmes accueillaient ce témoignage de charité comme une bénédiction, et ne manquaient pas d'en exprimer leur joie. On profitait de la circonstance pour adresser à chacun quelques mots de Dieu. On lui faisait voir dans sa maladie la main céleste qui le frappait avec une tendre sévérité. On l'exhortait à la patience et à l'abandon à la Providence. On l'engageait à offrir ses douleurs en expiation de ses péchés ; on lui apprenait à souffrir en union avec Notre-Seigneur. On s'attachait surtout à lui inspirer le regret de ses fautes et le désir d'en recevoir l'absolution.

Au sortir de la visite des malades, les missionnaires songeaient à reprendre quelques forces. A cet effet, ils allaient s'asseoir sous l'ombrage auprès d'une fontaine. Un pain arabe de la forme d'une galette leur servait de plat et de serviette. Ce plat contenait d'ordinaire deux œufs durs avec un peu de raisin sec. La fontaine ou le ruisseau faisaient les frais de la boisson. Souvent les villageois invitaient à leur table nos aimables convives. Jamais on n'acceptait. La règle l'avait défendu. Leur réserve les faisait apprécier davantage. Leur dévouement étonnait, et on écoutait plus volontiers des personnes qui plaçaient tous leurs intérêts dans le ciel. Après le repas, s'il restait encore du temps, on entrait dans les maisons pour en saluer les habitants. L'entretien devait rouler sur des choses spirituelles. Tantôt on enseignait une prière, tantôt on développait une sentence, tantôt on exerçait à chanter des cantiques. On soutenait l'intérêt par le récit de quel-

ques histoires édifiantes. Souvent la conversation s'établissait
sur l'excellence de la dévotion au Sacré-Cœur, à la très-sainte
Vierge et au glorieux saint Joseph. Tout le voisinage se transportait dans la maison qui possédait les missionnaires. Chacun
les écoutait avec avidité. La joie était peinte sur tous les visages.
Les uns témoignaient leur approbation par gestes, d'autres par
des paroles, d'autres par des soupirs et des exclamations.

Arrivait l'heure de la séparation. On suivait dans la marche le
même ordre que le matin. Le lieu du rendez-vous était l'église de
la mission. On y passait quelques minutes à rendre hommage au
très-saint-sacrement. Ensuite chacun rentrait dans sa demeure
avec quelque chose de cette joie des apôtres lorsqu'ils retour-
naient auprès de Notre-Seigneur après leurs missions. Jamais on
ne devait rentrer après le coucher du soleil.

Tel était le rôle pieux et bienfaisant que remplissaient tous les
dimanches les petits missionnaires. Le P. Riccadona assure qu'il
en recueillait les fruits les plus abondants. C'était lui qui, dans
ces jours de bénédiction, disait la messe de la mission. Immédiatement après, il s'élançait lui-même à travers la plaine pour
se rendre au village dont c'était le tour de le posséder. Il lui
fallait trois mois pour visiter ainsi son immense paroisse. Sa présence était annoncée huit jours à l'avance, ce qui attirait beaucoup de personnes des alentours. A peine arrivé, le Père choisis-
sait le lieu de son tribunal pour la confession, l'église lorsqu'il
y en avait une, quelquefois une chambre, de temps à autre l'ombrage d'un arbre. Il confessait sans interruption jusqu'à la fin
du catéchisme. Alors il se rendait à l'endroit où les hommes et
les femmes étaient réunis, et commençait une prédication d'une
heure. Son discours avait trait aux besoins spéciaux du village.
Le plus souvent il était triomphant. Tout le monde admirait le
talent et le zèle de l'orateur; tous voulaient lui faire l'aveu de
leurs fautes. Les prêtres furent souvent les premiers à se présenter au tribunal de la pénitence. Presque toujours quelque
pécheur endurci se laissait toucher. Dans la belle saison, comme
les intérêts matériels attiraient dans la plaine de Balbek un grand
nombre d'étrangers, le Père réconciliait avec Dieu des hommes
rassemblés de tous les points de la Syrie. Souvent ces pauvres

gens étaient éloignés depuis des années de la pratique des sacrements. Ils se retiraient chez eux, devenus des hommes tout nouveaux, et profitaient de toutes les occasions pour faire l'éloge
du missionnaire. Plus d'une fois, emportées par leur enthousiasme, les populations entières ont fait entendre ce cri : *Allah
un souraka!* Dieu te rende victorieux ! ou encore celui-là : *Allah
soukater-el-Effrange!* Dieu multiplie les Francs ! Les Turcs eux-
mêmes, à certains moments, sont venus remercier le Père du
bien qu'il faisait au village. Apprenant que, pour tant de travaux, il ne recevait aucun salaire, ils ne pouvaient s'empêcher
de manifester leur admiration pour une religion qui inspirait un
si noble dévouement.

Depuis que ce système de mission a été établi, plusieurs villages ont entièrement changé de face. Les dimanches et les fêtes,
très-peu de personnes s'y faisaient scrupule de s'adonner au travail. Aujourd'hui on y montre au doigt quiconque viole le saint
repos. Les mœurs étaient descendues au dernier degré de corrup-
tion. Petit à petit elles sont montées à la hauteur d'une pureté
exemplaire.

Ce n'est pas la première fois qu'il plaît à la divine bonté de se
servir des enfants pour la conversion ou la sanctification des
hommes.

Dès le commencement, Notre-Seigneur prit les enfants pour
texte et point de comparaison de ses divines instructions. Devant
les Pharisiens orgueilleux qui cherchaient à raisonner curieuse-
ment sur les objets de la foi, il appelait des enfants, les plaçait au
milieu de l'assemblée, les montrait à la foule, et disait : *Si vous
ne devenez semblables à eux, vous n'entrerez point dans le royaume
de Dieu.*

Saint François Xavier réunissait les enfants d'une ville, leur
mettait une clochette à la main, et les envoyait dans les rues et
sur les places publiques, appeler tout le peuple à l'instruction ;
souvent il leur confiait son crucifix, et les envoyait guérir par un
miracle quelque malade éloigné.

Un de nos anciens missionnaires de Syrie raconte dans une de
ses lettres, comment il dut à des enfants la meilleure part du succès
de sa mission.

Il dit :

« Nous avions reçu l'ordre d'aller évangéliser une population de la Mésopotamie.

» Nous arrivâmes au terme fortuné de notre mission, après bien des fatigues causées par la longueur du chemin et l'extrême chaleur.

» Plusieurs gros villages se présentèrent à nous, situés au pied d'une haute montagne que les Arabes appellent Djebel-Cheik, c'est-à-dire, la montagne du vieillard, parce que son sommet couvert d'une neige éternelle rappelle la couronne de cheveux blancs des vieillards. Nous frappâmes à la porte d'un chrétien. Après les premières civilités, on nous conduisit dans un grand appartement où étaient assemblées plusieurs personnes. Chacun s'empressa de venir nous baiser la main, selon la coutume.

» Dans l'assemblée se trouvait un jeune enfant de cinq ans. Il s'approcha, se mit à genoux, et nous demanda notre bénédiction. Nous fûmes surpris de l'air de candeur, de la modestie et de la maturité de cet enfant. Nous voulûmes savoir son nom.

» Il avait été nommé Jean au baptême. *Richesses de Dieu* était son surnom.

» Chez les Arabes, aucun enfant ne porte le nom de son père. Le chef de la famille en impose un autre que le sien à l'enfant nouvellement né. Alors, le père de l'enfant cesse lui-même d'être désigné par son surnom de jeunesse, on ne l'appelle plus que *le père de tel enfant*, par exemple, *père de Richesses de Dieu*.

» *Richesses de Dieu* était un de ces beaux caractères que la nature et la grâce semblent avoir formé de concert pour le bonheur et la consolation d'une famille chrétienne. A une heureuse physionomie, à une ingénuité charmante, il joignait un naturel doux et un grand désir d'apprendre. Il nous fit sur la foi plusieurs questions que nous eussions admirées dans un âge plus avancé. Il nous conjura de l'instruire ; il y mit une persistance qui allait à une sorte d'importunité.

» Or, il s'agissait beaucoup plus, dans cette mission, de faire le catéchisme que de prêcher. Je résolus de faire appel à *Richesses de Dieu* pour m'aider dans mes fonctions.

» Bien m'en prit; et Dieu me montra combien le zèle d'un enfant peut être utile à sa gloire.

» Chaque jour, après le dîner, tandis que mon compagnon allait visiter les malades et consoler les affligés, j'assemblais mes chers enfants, et je commençais le catéchisme.

» *Richesses de Dieu*, à qui j'avais donné des leçons particulières, faisait le petit apôtre. Il se transportait dans tous les lieux où on avait coutume de jouer; il haranguait ses camarades. Le jeu, leur disait-il, est défendu à l'heure des exercices de la mission. C'est offenser Dieu que de s'amuser alors qu'il nous envoie un missionnaire pour nous faire le catéchisme. Dieu donnait de la force aux paroles de l'enfant missionnaire. Ses compagnons le suivaient. A leur tête, il entrait dans la chapelle, les yeux baissés, les mains jointes. Père, me disait-il, apprends-nous à connaître, à aimer, à servir le grand Dieu que tu nous prêches. Son exemple inspirait à ses compagnons la modestie, l'attention, la docilité. En ce moment, je n'étais plus au milieu d'une troupe d'enfants légers; je m'imaginais converser avec les anges. « Avec quelle ardeur, quelle affection, quel zèle, je me livrais alors à mes fonctions !

» Aussi, la mission produisit-elle des fruits merveilleux.

» Le zèle de *Richesses de Dieu* passa dans le cœur des autres enfants. Ces petites créatures devinrent autant d'apôtres dans leur propre famille. C'est ainsi que Dieu vérifie cette parole infaillible : *Ex ore infantium et lactentium perfecisti laudem.* »

Ainsi l'exemple de Notre-Seigneur et la pratique des saints viennent confirmer la sagesse des premiers efforts du P. Riccadona.

Mais nous ne sommes encore parvenus qu'à la première moitié de la grande œuvre. Les fondements sont jetés, reste à bâtir un édifice durable.

Évidemment, l'œuvre des petits missionnaires, si attrayante qu'elle fût, n'assurait pas l'avenir. A cette aimable compagnie de volontaires, il fallait substituer une sorte de milice permanente. On ne pouvait se contenter d'un catéchisme par dimanche. Pendant la semaine entière des multitudes d'enfants livrés à eux-mêmes croupissaient dans la paresse, l'ignorance, et toutes les

monstruosités qui sont généralement la suite de ces deux vices.
Or, à qui les confier? En Orient la misère universelle oblige les
prêtres à travailler de leurs mains. Chargés de famille, ils n'ont
pas assez de leur journée entière pour gagner la vie d'une femme
et de plusieurs enfants. Il ne leur reste donc nul loisir pour
l'instruction des fidèles. D'ailleurs que leur enseigneraient-ils?
Ignorants eux-mêmes, ils ne sauraient communiquer ce qu'ils
n'ont pas reçu de leurs prédécesseurs. Le prêtre oriental admi-
nistre les sacrements; il baptise; il célèbre les saints mystères;
mais, en dehors de cela, il n'est pas capable d'imprimer aux fidèles une impulsion spirituelle. Aussi lorsqu'un enfant est arrivé
à l'âge de raison, son père décide qu'il fera sa première communion. Il l'envoie à confesse. Le prêtre lui fait les questions que
son peu de savoir lui suggère, et sans autre examen, l'enfant se
présente le lendemain à la table sainte. A dater de ce jour il
compte pour un chrétien formé. Il ira jusqu'à la mort sans pen-
ser à en apprendre davantage.

J'ai visité, en 1860, un village où nous avions l'intention d'éta-
blir une école. C'était un des principaux centres de population
de la plaine de Balbeck. Ce fut longtemps un siége épiscopal.
Aujourd'hui encore, l'évêque qui réside à Zahleh, prend de là son
titre et s'appelle l'évêque de Ferzol et de Zahleh. Je voulus savoir jusqu'à quel point la population avait besoin du secours
que nous prétendions lui offrir. Dans la pauvre chambre destinée
à l'école future, je m'assis à terre sur une pauvre natte. Le supérieur de la mission et le P. Riccadona étaient près de moi. Jeunes gens et jeunes filles se tenaient debout en lignes serrées.
C'était l'élite de la population. Les uns étaient fort petits, les
autres avaient quinze, seize, et même vingt ans. On les interro-
gea en ma présence. Les plus habiles se présentèrent un à un.
Selon l'usage, ils se mettaient à genoux devant moi et récitaient
leur leçon en cette posture. J'en trouvai deux qui savaient le *Pater*, un qui savait le *Credo*, un enfin qui passait pour la merveille
du village, parce qu'il avait appris le *Miserere* dans sa langue
maternelle. Inutile d'ajouter que pas un ne savait lire ni écrire.
Ce seul fait, choisi au hasard, donne l'idée de l'instruction des
chrétiens d'Orient.

Il fallait donc arriver à combler cet affreux déficit. On songea, on devait absolument songer à former des maîtres et des maîtresses d'école indigènes.

J'aurai plus tard l'occasion de raconter ce qu'il plut à Dieu d'opérer parmi les jeunes gens pour la manifestation de sa gloire. Aujourd'hui, je me bornerai à parler de la fondation de l'institut des pauvres filles de la mission du Sacré-Cœur, parce qu'elles eurent la priorité et méritèrent de Dieu, par leur zèle et leur vertu, la grâce d'un développement plus hâtif.

De nombreux obstacles s'opposaient à la réussite. Il fallut au P. Riccadona toute sa force d'âme et sa confiance en Dieu. En Orient, la femme est méprisée; et il voulait la faire institutrice et maîtresse. Et puis l'état sublime de la virginité n'était plus connu des chrétiens. Avec des prêtres mariés, il était tombé dans le mépris. Pouvait-on compter sur une vertu constante? Cependant nos anciens Pères avaient laissé, à cet égard, des traditions encourageantes. Le P. Nacchi, entre autres, avait consigné dans ses mémoires un trait dont je ne veux pas priver le lecteur.

Il existait, dit-il, une veuve maronite qui s'appelait Vonni Jouseph.

Pour s'éloigner des troubles qui agitaient alors le mont Liban, elle vint se réfugier dans un village près de Saïda. Elle était fort âgée et très-infirme; son corps était couvert d'ulcères. Si on la touchait pour la soulager, on lui faisait souffrir des douleurs aiguës. D'ailleurs son extrême pauvreté la privait des commodités de la vie les plus nécessaires. Son état déplorable était cependant moins surprenant que sa patience. Jamais on ne l'entendait se plaindre. Son visage respirait une douceur et une égalité d'humeur inaltérables, en sorte que ses voisines ne pouvaient assez l'admirer.

Or, parmi elles, se trouva une jeune fille âgée de vingt ans, élevée dans l'erreur.

Cette enfant, charmée des vertus de la malade, la fréquentait plus que toutes les autres femmes.

Un jour, elle lui demanda comment, au milieu de telles épreuves, elle était toujours contente et ne se plaignait point.

C'est, répondit la maronite, c'est que je ne souffre pas seule.

Le Dieu que j'adore, m'aide à supporter mes angoisses. Sa grâce
me fait aimer mes souffrances, parce qu'elle m'apprend qu'elles
me rendent agréable à ses yeux, et que les siennes, pour le salut
de mon âme, ont été beaucoup plus grandes.

Comme la jeune fille écoutait avec étonnement, la maronite
ajouta :

Ma fille, vous êtes bien malheureuse d'ignorer que mon Dieu
a souffert aussi pour vous.

Quel est donc ce Dieu qui a souffert pour moi, s'écria la jeune
fille ; je voudrais le connaitre.

Je vous l'apprendrai quand vous voudrez, répliqua la malade.

La jeune fille revint dès lors plus souvent auprès de la maronite. Elle écoutait avec plaisir l'exposition de nos mystères;
et Dieu vivifiait dans son âme la semence jetée par la pauvre
veuve.

Sur ces entrefaites, un beau mariage se présenta pour elle.
Son père lui en parla comme d'une affaire conclue. Il y tenait
pour des raisons de famille. La jeune fille imagina mille objections
et finit par demander la permission de se choisir elle-même un
époux. Le père fut inflexible. Il déclara que toute résistance nou-
velle serait regardée comme une rébellion manifeste. L'enfant
ne répondit que par ses gémissements et par ses larmes.

Plus irrité que jamais, son père la menaça de la chasser de
chez lui et de l'abandonner. Mais comme elle ne se rendait pas
davantage, il engagea un de ses oncles qu'elle aimait, à la raisonner, à lui arracher un consentement.

L'oncle fit des efforts sincères. Il représenta à sa nièce le tort
qu'elle se faisait en refusant un parti aussi avantageux, et les suites
probables de l'indignation d'un père outragé.

La jeune fille, qui s'était fait baptiser en secret et s'appelait
dès lors Marie-Thérèse, n'osa pas déclarer tous les sentiments
que Dieu mettait dans son cœur. La prudence le lui défendait.
Elle se contenta de manifester une répugnance extrême pour tout
établissement, suppliant son oncle de lui donner la plus grande
de toutes les marques de sa tendresse, en obtenant de son père
la grâce de ne lui en parler jamais.

L'oncle, attendri par les paroles de sa nièce, fit tous ses efforts pour persuader au père de ne point contrarier les inclinations de sa fille, et de songer plutôt à marier sa cadette.

Pendant ces négociations, Marie-Thérèse allait secrètement rendre à sa directrice le compte exact de ce qui se passait. Celle-ci la fortifiait dans ses résolutions, et l'instruisait des vérités du salut. Elle l'animait à la souffrance par l'espoir d'une récompense éternelle. Elle lui enseignait la pratique des vertus conformes à sa situation ; elle lui en faisait faire des actes, et Marie-Thérèse revenait toujours d'auprès de sa sainte amie avec plus d'amour et d'attachement pour la religion chrétienne.

Son père, qui avait gardé pendant quelques jours un silence calculé, voyant que ni lui ni son oncle ne pouvaient la réduire, regarda sa persistance comme un mépris de l'autorité, un affront à la dignité paternelle.

Sous l'impression de la colère, il prit la résolution de marier sa seconde fille et de se défaire de l'aînée.

Marie-Thérèse connut bientôt les desseins de son père. Elle en avertit son amie la Maronite qui la disposa plus que jamais à la souffrance.

Le père n'épargna rien pour donner de l'éclat aux noces de sa fille cadette. Il espérait exciter ainsi la jalousie de la vertueuse aînée.

Déjoué encore dans ses calculs, le malheureux ne rougit pas de se faire le bourreau de sa fille.

Un jour de grande réunion, lorsque tous les invités prenaient le café sur le divan, selon l'usage du pays, on servit à la généreuse enfant une tasse empoisonnée.

La jeune victime approcha ses lèvres de la coupe mortelle et la vida sans défiance.

Dès le jour même, elle se sentit attaquée d'une fièvre lente, accompagnée de défaillances fréquentes et de frissons.

Elle comprit que ses jours allaient finir, que sa jeune vie s'éteignait, qu'il fallait songer à l'éternité.

Elle regarda la mort en souriant. L'ange de l'immortalité lui apparaissait au seuil de l'autre vie.

Plus que jamais, elle sollicita les pieux conseils de la Maronite.

La fièvre redoubla d'intensité.

Dieu fit à la pieuse vierge la grâce de conserver sa présence d'esprit jusqu'au dernier soupir. Aucun murmure ne sortit de ses lèvres. Elle produisait les actes les plus héroïques de résignation. Elle mourut en faisant à Dieu le sacrifice de sa jeune vie.

Ainsi mourut cette aimable martyre. Son âme, nous devons l'espérer, fut enlevée au ciel.

Son père, insultant à sa mémoire, fit jeter au fond d'un puits le cadavre de sa fille, et le malheureux fut emporté subitement lui-même peu de temps après.

Ce double événement arriva sur la fin de l'année 1697.

Encouragé par cet exemple, le P. Riccadona espéra trouver dans la génération moderne les vertus des siècles passés.

Il s'attacha d'abord à relever la condition de la femme, dans le pays où la sainte Vierge Marie fut choisie par Dieu lui-même pour occuper le premier rang dans l'humanité au-dessus de tous les anges et de tous les saints. Afin de mieux réussir, il essaya de cultiver le germe qui fait croître les lis au milieu des épines. Dans ses sermons, dans ses instructions, dans ses conversations particulières, il ne cessa de faire l'éloge de la virginité. Il écrivit même sur ce sujet un petit traité dont les copies se sont singulièrement multipliées chez les Arabes ; et son zèle pour cette vertu le fit surnommer l'Apôtre de la virginité. L'explication du sixième commandement de Dieu, faite pour la première fois, eut un effet prodigieux. Bien des personnes avouèrent publiquement que jusque-là elles avaient cru l'homme dans une condition parfaitement égale à la bête ; et non-seulement le Père vit, à cette occasion, un grand nombre de personnes sortir de la voie du crime, mais plusieurs entrèrent, sous sa direction, dans la ligne la plus parfaite.

La Providence ayant fait à l'apôtre la grâce de retrouver le germe qu'il cherchait, il se mit à l'œuvre. A un jour donné, un certain nombre de jeunes vierges s'offrirent à lui pour commencer la congrégation des filles de la mission du Sacré-Cœur. Aujourd'hui l'œuvre présente un résultat qui dépasse les premières espérances. Un père qui en a été le témoin, en rend ce témoignage ; il raconte ce qu'il a vu en 1859.

« La maison-mère de ces religieuses, dit-il, est à Maalaka ; là réside la supérieure générale ; là est le noviciat. Elles ont des écoles dans quatorze villages de la plaine. Autant que possible, elles sont associées deux à deux. Chacune d'elles est munie d'un certain nombre de petits cahiers, qui contiennent en langue arabe, leurs règles, le règlement des écoles, plusieurs cantiques, les règles de la civilité, l'ordre à suivre dans les missions.

» Tous les matins elles récitent la prière à l'église avec les enfants, et souvent une partie du peuple y assiste. Elles font trois heures de classe le matin et autant le soir. Tous les jours elles enseignent la lettre du catéchisme, une demi-heure le matin, une demi-heure le soir, de plus elles y joignent les explications nécessaires. Trois fois par jour elles sonnent l'angelus. Après la prière du soir, qui se fait toujours à l'église, vient le chapelet, innovation qui a bien réussi, grâce à l'attention des sœurs à expliquer les mystères du Rosaire. A une heure de la nuit, elles récitent le *De profundis*, et donnent un signal qui avertit les habitants du village de prier pour les trépassés. Tous les vendredis elles font le chemin de la croix en public à l'église. C'est une dévotion qu'elles travaillent à introduire partout ; elle a été si bien accueillie, qu'en certaines localités le peuple y prend part tous les jours.

» Quand elles trouvent des âmes bien préparées, elles leur apprennent la pratique de l'oraison mentale. Mais c'est le dimanche que leur zèle a le plus d'emploi. Autour du village où elles sont fixées, il y a d'autres hameaux qui n'ont pas de sœurs. Il faut y aller faire la mission. Voici comment elles procèdent. Elles commencent par réunir les enfants, auxquels une bonne partie du peuple vient se joindre. D'abord la prière, puis le catéchisme en forme d'instruction, le chapelet pour les morts, pour la conversion des pécheurs et pour le progrès de la mission. Quand elles ont fini dans un village, elles vont dans un autre ; il y en a qui parcourent ainsi jusqu'à quatre villages dans la journée. Le soir, mêmes exercices dans leur propre village ; et puis, à la veillée elles réunissent les femmes et les filles pour les instruire sous forme de conversation.

» Les instructions sur le catéchisme ont été rédigées en arabe par le P. Riccadona sur le plan du catéchisme du concile de Trente. Chacune des religieuses en a un exemplaire ; elles en développent le texte dans leur mission. Ces pauvres filles mènent la vie la plus rude et la plus austère ; presque toujours mal logées, mal nourries, elles n'ont pour tout régal que du grain cuit et écrasé, assaisonné de quelques herbes, avec du lait aigri, et du pain de seigle ou d'orge. Il y en a qui sont restées plusieurs mois sans autre nourriture que du pain et du raisin. Mais le zèle dont ces saintes filles sont embrasées leur fait supporter gaiement toutes ces privations. Il faut voir avec quel dévouement, quelle abnégation, elles se livrent aux emplois de leur vocation. Leur exemple électrise les âmes généreuses. A l'heure qu'il est, il y a dans cette chrétienté un grand nombre de postulantes qui sollicitent leur admission dans la communauté. Outre les écoles de Maalaka et de Zahleh, j'ai visité celles de Ablab et de Royak, celles de Seraïn et de Dourice, et je puis dire que j'ai assisté à la fondation de celle de Balbek. J'ai été témoin des instances faites par le peuple, les curés et les évêques eux-mêmes pour avoir de ces écoles. Partout on dit que dans les villages où il y a des sœurs, on ne reconnaît plus les femmes et les filles, tant elles sont changées. Les bonnes religieuses n'enseignent pas seulement le catéchisme, la lecture et l'écriture, elles apprennent aux jeunes filles à coudre, à tailler des habits, à faire la cuisine ; leur sollicitude s'étend à tout.

» Je dois le dire, je ne crois pas que, dans ces contrées, parmi les Orientaux, il y ait rien qui approche davantage de la pauvreté évangélique. »

A ce témoignage d'un pèlerin j'en ajouterai un autre, plus grave encore. Le P. Steins, aujourd'hui Mgr Steins, évêque de Bombay, avait reçu l'ordre de visiter les communautés du mont Liban. Il vint à Zahleh, s'informa de tout et désira voir le noviciat des pauvres filles de la mission du Sacré-Cœur. On le conduisit sur la montagne dont j'ai parlé en commençant. Les religieuses étaient réunies dans une petite chambre dont le plancher était la terre, dont les murs étaient construits en boue, et le toit formé de quelques arbres non équarris jetés d'un mur à l'autre et reliés entre eux par des fagots sur lesquels on avait fait durcir une couche de terre. — Où est la salle de communauté? demanda l'évêque. — Ici, lui fut-il répondu. — Où est la chapelle? — Ici. — Où est le réfectoire? — Ici. — Mais au moins allez-vous me montrer un dortoir, car vous n'avez pas ici la place matérielle pour vous étendre toutes à côté l'une de l'autre. — Quant à la nuit, repartit la supérieure, voici comment nous nous tirons d'affaire. Nous jetons le sort. La moitié d'entre nous s'étend dans la chambre, les autres dorment sur le toit. — L'évêque se retira profondément édifié. Il fit une aumône de cent francs. Les Jésuites donnèrent deux poutres qu'ils avaient en provision, et l'on construisit la seconde chambre que l'on voit aujourd'hui attenante à la première.

La vertu fondée sur un tel renoncement devait être solide. Elle ne manqua point. J'aurais beaucoup à faire si je voulais en donner toutes les preuves, j'en raconterai un seul exemple.

Il s'agit d'une jeune fille de nos écoles qui voulait être religieuse, et que son père et sa mère contraignaient à se marier. La pauvre enfant résista courageusement. Alors on lui défendit de fréquenter l'école, d'aller à l'église, de s'approcher des sacrements. Elle obéit. Plusieurs fois, sollicitée par les parents eux-mêmes, son amant essaya de la séduire. Elle lui tint des propos sublimes. Un prêtre du pays entra dans le complot. Un jour, ce malheureux vint avec le jeune homme, fit étaler les bijoux et les étoffes précieuses destinées à la fiancée, et joignit ses instances à celles des parents. Tout fut inutile. Alors on en vint aux persécutions. Déjà quelquefois on avait essayé de la cruelle bastonnade; on multiplia ce genre de supplice. La mère poussa un jour la barbarie jusqu'à faire des morsures sanglantes en plusieurs endroits du corps de sa fille. L'héroïne fut inébranlable. On la fit prisonnière; on la gardait à vue; on ne lui laissait pas faire la démarche la plus innocente. Vains efforts. L'amant revint avec des présents nouveaux, il n'eut pas plus de succès. Enfin le père, saisissant un jour un large couteau, s'élança pour frapper. — Au nom du Père, et du Fils, et du Saint-Esprit, s'écria l'enfant, en se jetant à genoux. Frappez. Je ne crains point la mort. Au ciel je serai vierge pendant l'éternité. — Le père fut vaincu. — Aujourd'hui cette vertueuse fille tient une école dans la plaine.

Mais je ne veux point allonger davantage mon récit. Je ne dirai plus qu'un mot.

Lors des affreux massacres de 1860, on put craindre que la Congrégation ne fût anéantie. Toutes les Religieuses avaient dû fuir leurs écoles incendiées pour se réfugier à Zahleh. Or Zahleh fut pris et brûlé. Mais le Sacré-Cœur veilla sur les enfants de sa prédilection. Lorsque l'émeute, semblable au flot mugissant, vint gronder autour de notre église, lorsque le drapeau français eut été arraché de dessus notre demeure et foulé aux pieds, lorsque la masse impure des mécréants eut brisé les portes du sanctuaire, les pauvres filles de la mission du Sacré-Cœur étaient dans la foule qui se pressait autour de l'autel. Les Druses et les Turcs frappèrent indistinctement avec leurs sabres et leurs fusils sur la multitude éplorée. Des victimes nombreuses tombèrent à leur droite et à leur gauche ; le supérieur de notre mission fut tué à son poste parmi les chrétiens qu'il voulait sauver. Trois frères coadjuteurs furent égorgés près de lui. Vingt-cinq de nos jeunes maîtres arabes et des employés de la mission furent mis à mort. Pas une religieuse du Sacré-Cœur ne fut atteinte. — Vous nous tueriez, dirent-elles aux bourreaux, nous les institutrices de vos enfants ?—Une parole si simple eut un effet que la grâce de Dieu seule peut produire. Les poignards s'arrêtèrent suspendus aux mains des sicaires.—Non-seulement vous ne nous tuerez pas, reprirent les héroïnes, mais vous nous sauverez, vous nous conduirez jusqu'aux pays chrétiens. — Comment vous y accompagner, répondirent les Druses, les chrétiens nous tueront. — Ils ne le feront pas, dirent les pauvres filles du Sacré-Cœur, nous vous protégerons. — Et voilà ces hommes féroces escortant avec respect une communauté de jeunes filles dont la supérieure générale n'a que dix-sept ans. Lorsqu'on fut en vue des villages chrétiens du Kesroan, les religieuses donnèrent congé à leurs gardiens qui se recommandaient à leurs prières.

Ainsi fut sauvée une communauté dont la ruine eût compromis, pendant bien des années, la régénération des chrétiens de la Cœlésyrie, entreprise par les Ecoles.

Telle est, Monsieur l'Amiral, l'histoire de la fondation de nos écoles de la plaine de la Cœlésyrie. Puisse-t-elle vous avoir intéressé, puisse-t-elle avoir satisfait les membres de nos conseils des Ecoles d'Orient. Si Votre Excellence le permet, le récit en sera inséré aux Annales et transmis aux bienfaiteurs de l'Œuvre. Aussi bien, il faut l'avouer, si je me suis proposé de faire connaître le résultat de cette mission pour la gloire de Dieu, j'avais aussi une arrière-pensée, je voulais faire un appel à la charité des souscripteurs, et je me crois autorisé à leur présenter, en terminant, cet exposé de la situation financière de la congrégation des pauvres filles de la mission du Sacré-Cœur de Zahleh, tel que je le trouve dans une lettre du P. Riccadona lui-même.

« Notre œuvre, dit le missionnaire, a grand besoin d'être recommandée aux âmes pieuses. Je désirerais qu'elle fût prise vivement à cœur. Jusqu'à présent, elle est restée sans secours réguliers, et, comme toutes les œuvres du Sacré-Cœur, cette congrégation eut à souffrir des épreuves étonnantes. Elle est née le jour de la sainte Croix ; elle a commencé avec une pauvreté admirable, n'ayant d'autre soutien que le divin Cœur auquel elle était consacrée tout entière. Sans secours, elle a grandi ; elle compte en ce moment un assez bon nombre de religieuses, maîtresses d'école et missionnaires zélées qui font un bien immense. Nos institutrices n'ont absolument aucun revenu pour se nourrir et s'habiller. C'est de la main des pauvres Arabes, chez lesquels elles ont leurs écoles et leurs missions, qu'elles doivent recevoir la nourriture et l'habillement. Ces généreuses filles offrent, toutes les semaines, trois communions à Jésus-Christ, leur époux et leur procureur spirituel et temporel ; elles consacrent leurs fatigues et toute leur vie à son divin Cœur. Aux trois vœux simples et temporaires de pauvreté, de chasteté et d'obéissance qu'elles font en son honneur, elles ajoutent celui de travailler au bien de la mission.

» Dans ce moment, plusieurs excellents sujets se présentent pour être admis dans la congrégation, et nous n'avons aucun moyen de les recevoir. Oh ! combien je désirerais que l'on pût voir le bien et le fruit que le Sacré-Cœur daigne tirer de cette Œuvre ! Comme on se sentirait puissamment excité à lui procurer l'aumône de la prière et celle du pain quotidien ! »

» Le R. P. Billotet, supérieur de la mission, s'est beaucoup employé au progrès de cette congrégation ; il a écrit en beaucoup d'endroits ; de mon côté, j'ai écrit à différentes personnes, en Italie, à Milan, ma patrie, à Rome, à Turin, à Naples, mais jusqu'à présent nous n'avons eu que très-peu de secours et beaucoup de promesses. Il faudrait à la maison-mère un secours annuel qui pût l'aider à entretenir au moins quelques novices. Il importerait aussi, que chacune des écoles fussent fondées ; serait-il impossible d'obtenir que, tant de communautés de France qui prospérèrent sous la protection du Cœur de Notre-Seigneur, adoptassent chacune une religieuse arabe. Il suffirait pour cela qu'elle voulût bien promettre une aumône annuelle de cent francs. Nous enverrions à cette communauté le nom de sa fille d'adoption, son âge et tous les renseignements que nous croirions pouvoir l'intéresser. Chaque année nous ferions connaître dans un numéro des Annales, l'école où cette fille serait placée, le nombre de ses élèves, le résultat de ses travaux. Il s'établirait ainsi entre la communauté bienfaitrice et sa pupille des relations dont le cœur du divin Maître serait le centre. Oh ! la belle œuvre, et combien elle serait facile ! Pour la mener à bonne fin, il suffirait que dans un pensionnat de cent élèves, chaque pensionnaire donnât vingt sous par an, en faveur de ses petites sœurs de la Syrie, moins favorisées qu'elle, et qui demandent à deux genoux, à l'exemple de la Chananéenne, la grâce de recueillir les miettes qui tombent de la table du maître.

» Je vous prie de nouveau, et je vous demande avec instances de vous intéresser à cette OEuvre ; je vous en conjure au nom du Sacré-Cœur lui-même, qui a promis, par la vénérable Marguerite-Marie, des grâces spéciales à tous ceux qui travailleraient directement à le faire connaître et aimer. »

Nous ajouterons un peu plus tard à ce mémoire une carte de la plaine de Cœlésyrie. Nous y indiquerons par un signe les villages où des écoles sont déjà établies, et par un autre signe les villages où il serait important d'en fonder.

Dès que la gravure sera faite, on enverra la carte à toutes les personnes qui auront reçu ce mémoire.

Chaque année, le bulletin des Écoles d'Orient publiera la liste des écoles entretenues, le nombre d'élèves de ces écoles, et le nom des religieuses qui en seront chargées. Les associés pourront suivre sur la carte les progrès de l'Œuvre, et compléter eux-mêmes leur carte, en y ajoutant le signe distinctif sur chacun des villages nouvellement adoptés.